LE MARTYRE

De la VÉNÉRABLE

JEANNE D'ARC

Brulée par les Anglais en 1431

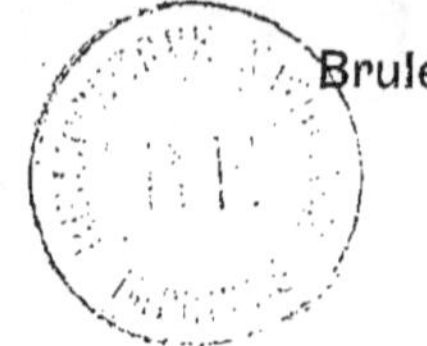

———✳———

RÉCIT EN VERS

SUIVI DE NOTES ET DOCUMENTS

Se rapportant à ce grand drame historique

———◦———

Par P. E. S.

———◦———

Le bûcher disparaît et se change en Autel !

(Alex. SOUMET. Jeanne D'ARC. Tragédie)

CARCASSONNE

Typographie-Lith. GABELLE, BONNAFOUS et Cie

———

1894

AVIS IMPORTANT

L'auteur du modeste travail qu'on va lire n'avait, certes pas, l'intention de le livrer à la publicité ; il était loin de rêver pour lui les honneurs de l'impression.

Commencé depuis deux ans et quelques mois pour occuper des loisirs trop nombreux et chasser des ennuis très profonds, cet opuscule avait été relégué, en quelque sorte, aux oubliettes et semblait condamné à ne point sortir des cartons où il se trouvait à jamais enfoui.

La décision de la Sacrée Congrégation des Rites approuvée par N. T. S. Père le Pape Léon XIII, en date du 27 Janvier 1894, *est venue imprimer un élan irrésistible d'actualité à un sujet si éminemment patriotique et Français : dans ces circonstances, celui qui a composé ce Récit a cru qu'il pourrait être tout au moins édifiant et utile de le produire et de le soumettre humblement aux admirateurs enthousiastes (et, grâces à Dieu, ils sont aujourd'hui plus nombreux que jamais) de la plus belle et de la plus pure gloire militaire de la France, la* Vénérable *Jeanne d'Arc,* « cette figure *unique, incomparable, à laquelle rien ne* « *ressemble dans l'histoire ni dans la poésie, dont la beauté* « *surpasse l'idéal même », selon les magnifiques expressions de Monseigneur Dupanloup, l'éloquent évêque d'Orléans, qui savait si bien parler de la glorieuse guerrière.*

Encouragé par quelques amis pieux et savants, aussi

respectables par leur âge que vénérés pour la sagesse de leur doctrine et qui, à leurs moments perdus, ne dédaignent pas de s'adonner aux plaisirs innocents d'une douce et suave poésie, l'auteur s'est décidé à laisser imprimer les quelques vers qui suivent, après les avoir, autant qu'il était en son pouvoir, retouchés et corrigés, en dernier lieu: il a cru, en outre, devoir les faire suivre de quelques notes et documents explicatifs se rapportant à ce grand fait de l'histoire, tirés des sources les plus authentiques, et qui lui ont paru aussi instructifs que complets et intéressants.

Et maintenant, s'il est permis de comparer les petites choses aux grandes, le compositeur de cet écrit si modeste, se croit obligé d'avertir préalablement ses lecteurs qu'il n'a pas, assurément, la prétention d'aspirer à la mâle et noble vigueur poétique d'un Victor Hugo, ni aux mélodieux et sympathiques accents d'un Lamartine, aussi n'a-t-il pas même osé décorer ces pages du titre pompeux et retentissant de « Poème », mais il s'est contenté pour elles du simple intitulé de : Récit en vers : ou pour parler même plus exactement, si l'on veut, de : Récit en prose rimée ; ce qui lui paraît bien plus conforme à la vérité.

Enfin, ceci dit, et tout amour-propre mis de côté, l'auteur n'hésite pas à présenter son petit opuscule au public et à le livrer tel quel aux morsures quelquefois cruelles de l'impitoyable critique; il espère, toutefois, qu'on voudra bien se montrer indulgent pour lui en considération du sujet qu'il traite, intimement convaincu, d'ailleurs, que si ces pages n'ont pas le mérite et l'éclat de la haute, pure et divine poésie, elles ont, du moins, l'avantage incontestable de la bonne volonté, de la sincérité, de la bonne foi et de l'enthousiasme véritable et désintéressé envers celle qui les a inspirées.

Carcassonne, Avril 1894.

P. E. S.

LE MARTYRE

DE LA

VÉNÉRABLE JEANNE D'ARC

Brulée par les Anglais en 1431

> « *Probasti cor meum et visitasti nocte :*
> « Vous connaissiez mon cœur, mais vous
> « avez voulu l'éprouver par la nuit de
> « l'épreuve et de l'angoisse. Ce n'était
> « pas assez ; le trouble des terreurs noc-
> « turnes ne suffisait pas : *igne me exa-*
> « *minasti,* on m'a jetée dans les flammes,
> « elles ont dévoré ma chair et mes os,
> « ne laissant intact que mon cœur, dans
> « lequel, grâce à vous, Seigneur, *non est*
> « *inventa iniquitas*, il ne s'est pas trouvé
> « de péché ! » — Ps. XVI. v. 3.
>
> (Du panégyrique de Jeanne d'Arc par
> Mgr de Cabrières, Évêque de Montpellier,
> prononcé dans la Cathédrale d'Orléans,
> le 8 Mai 1889).

JHÉSUS !... MARIA !...

D'autres ont célébré l'héroïque carrière (1)

De la vaillante enfant, de l'illustre guerrière

Qui sauva son pays et chassa les Anglais ,

Quand, sous leurs pas vainqueurs tremblait le sol Français :

Certains même ont voulu *bâver* leur bâve impure

Sur ce lys virginal, la gloire la plus pure

De notre chère France; *un vieillard odieux* (2)

Tenta de la flétrir en vers licentieux.

Moi , je voudrais montrer la Vierge prisonnière ,

A la fin de ses jours, à son heure dernière ,

Montant avec courage , avec un saint orgueil ,

Au lugubre bûcher qui devient son cercueil...

Muse, accorde ta lyre , et , de ta voix divine,

Chante pieusement cette jeune héroïne

Que livre à l'Angleterre un Pontife cruel ,

Et qui, par son martyre , escalada le Ciel !...u

Sous les murs de Compiègne , et malgré son courage

Elle tombe, trahie, *à la fleur de son âge* ; (3)

Un perfide ennemi l'entoure de liens :

La voici prisonnière et loin de tous les siens !...

Dans le Camp de Bedfort garrottée on l'entraîne ;

Mais elle garde encor cette fierté sereine

Qui ne la quittait point au milieu des combats

Et chassait les Anglais au-devant de ses pas.

Le Tribunal s'assemble et *Cauchon* le préside : (4

Cet Évèque vendu qui dans Beauvais réside,
Ce moderne *Judas*, mû par la passion,
Presse de Jeanne d'Arc la condamnation.

Cauchon fût-il sincère?... On voudrait bien le croire,
Mais on ne peut, hélas ! en face de l'histoire
Se faire illusion : Savant, intelligent,
Mais fourbe, avide, dur, vil, avare, intrigant,
Il se vend à l'Anglais, et, *moyennant finances*,
Trahit la France et Dieu : Nous avons ses quittances : (5)
Plus de *cent mille francs*, les honneurs, le pouvoir
Lui furent octroyés : dès-lors, aucun espoir
De retrouver chez lui la moindre indépendance,
Dans ce procès fatal qui concerne la France.
De Jeanne il poursuivra le supplice cruel
Et, par ambition, se rendra criminel ;
Il fait tant et si bien que la cour la proclame
Hérétique et sorcière, ayant vendu son âme
Avec son corps au diable, et pour punition
La livre au châtiment de le *Crémation* (*)

Quand on vint annoncer à Jeanne-la-Pucelle,
La sentence fatale et cette mort cruelle

(*) On sera peut-être étonné de rencontrer dans ce récit certaines expressions vieillies et surannées : l'auteur croit devoir avertir ses lecteurs, que c'est à dessein et avec intention qu'il a choisi et employé ces termes, afin de conserver à son sujet, autant que possible, le ton et la couleur locale qui doivent lui convenir.

Qui bientôt la suivrait, son jeune cœur s'émut ;
 Longtemps elle pleura, chacun s'en aperçut...
Ah ! pleure, pleure encore, ô fille infortunée,
Par un injuste arrêt à la mort condamnée ;
Ta beauté, ta jeunesse en toi vont se flétrir,
Tu ne peux échapper, enfant, il faut mourir !...

Mais soudain : « J'en appelle au Seigneur, au Grand-Juge,
« Dit-elle simplement, à celui qui nous juge
« De son trône des Cieux, à celui qui connait
« Les plus profonds secrets que mon cœur renfermait ;
« Il me consolera des maux, des injustices,
« Des cruautés sans nom, des coups et des scévices
« Qu'on m'inflige ici-bas !... » Puis, à son assesseur
Qui s'était montré bon pour elle en son malheur :
« Ah ! Messire, dit-elle, ah ! mon bon maître Pierre, (6)
« Où serai-je aujourd'hui ?...» — «Songez à la prière,
« Réplique l'assesseur, et, n'avez-vous donc plus
« Confiance au Seigneur, nul espoir en Jésus ?
« Elevez votre cœur !...» — « Maître, répondit-elle,
« Je crois, j'espère en Dieu ; sa bonté paternelle
« Ne me laissera point ; parmi les saints ravis,
« Ce soir, je le verrai dans son beau paradis !... »

En opposition singulière et flagrante (7)
Avec cette sentence implacable et sanglante,
Qui la condamne à mort comme ayant évoqué

Les Esprits infernaux , comme ayant invoqué
Leur appui , leur concours , on lui permet de faire
La Communion Sainte... Ah ! c'est ce qu'elle espère
Et désire ardemment , car... recevoir son Dieu ,
C'est là tout son espoir , son bonheur en ce lieu !...

Le trentième de Mai de cette triste année
Mil et quatre cent trente un , la condamnée
Monte dans la charrette où se tient le bourreau :
Suit *Martin Ladvenu* , son confesseur nouveau ,
Suit le frère *Izambart*, religieux fidèles (8)
Qui , prenant en pitié ses angoisses mortelles ,
Dans le cours du procès auquel ils assistaient
Demandèrent Justice aux gens qui persistaient
A la leur refuser pour l'innocente Jeanne ,
Huit cents Anglais portant la longue pertuisanne ,
La lourde lance au poing et de hâches armés ,
Entouraient le charriot encor tout alarmés...

Pourquoi trembler ainsi, reculer d'épouvante,
Vieux soldat, vieux guerriers, dont la frayeur augmente
Sous l'éclair qui jaillit de son œil enflammé ?...
Anglais, rassurez-vous, son bras est désarmé !...

Durant tout le parcours, son ardente prière
Ne cessa de monter, humble, pure et sincère
Jusqu'à son bon Seigneur, jusqu'à son doux Jésus,
Que sans cesse elle implore avec les yeux en sus.
Elle se lamentait d'un ton, d'un air si tendre
Que les Français présents, tout émus de l'entendre,
Ne pouvaient retenir les larmes dont leurs yeux
S'emplissaient : même on vit l'Anglais astucieux
S'attendrir, un moment ; le courage, la force
Manquent aux assesseurs, gens à la rude écorce,
Dont le cœur, cependant, se sentait tout ému :
Se croyant assez forts, plusieurs avaient voulu,
Au pied de l'échafaud, voir mourir l'héroïne ;
On les vit reculer, se frappant la poitrine.

La voici parvenue à l'endroit désigné (9)
A cette vaste place et sur le lieu marqué
Pour l'horrible supplice : « Oh ! Rouen ! gémit-elle,
« Etait-ce donc ici qu'une mort si cruelle
« Devait trancher mes jours ?... Pour cesser de souffrir,
« Dans tes murs, ô Rouen !... devais-je donc venir ?... »
Elle tombe à genoux, invoque Dieu le Père,
Le Fils et l'Esprit-Saint, l'Auguste Vierge Mère,
Recommande son âme au puissant Saint-Michel,
A sainte Catherine, aux bons Anges du Ciel,
A sainte Marguerite, aux voix qui l'inspirèrent (10)

Et dans le droit chemin toujours la dirigèrent.

Elle laisse entrevoir tant d'amour, de ferveur,

De confiance en Dieu, d'espoir et de candeur

Que tous les assistants émus versaient des larmes ;

Même plusieurs Anglais au rang, et sous les armes.

On vit Jean de Mailly, l'Evêque de Noyon,

Et des prêtres Français, qui, dans l'occasion,

Se trouvaient sur l'estrade, en face de la Sainte,

En descendre et quitter cette lugubre enceinte,

Ne pouvant supporter un spectacle pareil :

Jamais on n'avait vu les rayons du soleil

Se lever sur un drame aussi grave, aussi triste !...

De Jeanne, cependant, le courage persiste ;

Dans ce moment suprême elle implore la Croix ,

Un Anglais bienveillant, de deux morceaux de bois,

En fait une, et la tend à l'illustre martyre

Qui la prend dans ses bras, à ses lèvres l'attire,

La contemple un instant, la couvre de baisers

Ardents, pieux, fervents et bien plus doux qu'amers.

Elle voudrait, surtout, *la Croix de la Paroisse* ; (11)

On s'en va la quérir ; dans sa cruelle angoisse,

Elle l'étreint, la serre, et, bien fort sur son cœur

La presse et la retient, priant avec ferveur

Ce Christ, dont de sa lèvre elle baise l'image :

Puis, tout droit au bûcher, sans changer de visage,
Ses longs cheveux épars flottant au gré des vents,
Sans reproche et sans peur elle avance à pas lents....

Où sont les chevaliers de cette noble France ?
Quoi ! pas un champion de l'échafaud n'avance,
Pour défendre la Vierge et venger son honneur !...
Personne !... On n'aperçoit que l'ennemi vainqueur. (12)

Un prêtre, alors, fendit la foule mugissante :
« *Jeanne !... Pardon !...* » dit-il d'une voix gémissante ;
C'est de la noble enfant le premier confesseur,
Celui qui la trahit : *Nicolas-Loyseleur*. (13)
Courtisan de l'Evêque, âme vile et perfide,
Il n'a point reculé devant un homicide ,
Par ces conseils pervers, intéressés et faux,
Il traîna l'innocente aux pieds de ses bourreaux...
Un repentir cruel tardivement l'obsède,
Il ne peut résister, son cœur succombe, il cède
A la voix du remords ; mais les archers Anglais
L'éloignent brusquement et dérobent ses traits. (14)
Le jour même il partit, se dirigeant vers Bâle ;
Ses larmes l'étouffaient, et, sa figure pâle,
De son âme contrite exprimaient le tourment ;
C'est là, dans ce pays, qu'il meurt subitement... (15)

On vit aussi *Cauchon* se rapprocher de Jeanne
Pour la *tromper* encor.... mais la jeune paysanne
Le couvrant d'un regard tout rempli de pitié,
Respirant le pardon plus que l'inimitié :
« C'est par toi que je meurs, Evêque, lui dit-elle,
« C'est par toi que bientôt ma carrière mortelle
« Va finir ici-bas... que Jésus, mon Seigneur,
« Comme moi te pardonne et qu'il touche ton cœur !...» (16)

Cependant les Anglais, surtout les gens de guerre,
Monstres impatients, que la vengeance altère,
Se lassent en voyant tous ces délais divers
Se produire : on entend ces ennemis pervers
S'écrier bruyamment : « Allons ! Messire Prêtre,
« Veux-tu nous faire ici diner ? Parjure et traître !
« Allons, dépêchons-nous !... » D'autres disaient bien haut :
« Veut-on nous la livrer ?... et l'on verra bientôt
« Que tout sera fini !... » « Bourreau, fais ton office !... »
Clamaient d'autres plus loin, sans aucun artifice :
Et, de tous les côtés, partout on n'entendait
Que des cris menaçants que la foule poussait.

Le docile bourreau, sans en attendre l'ordre,
Saisit brutalement, au milieu du désordre,

La victime à genoux ; le Juge séculier (17)
N'avait pas prononcé, de son ton régulier,
La sentence de mort ; Jeanne souffrante et lasse,
S'empare de la Croix, cher gage qu'elle embrasse,
Et d'un regard serein contemple le bûcher.
Des gendarmes Anglais l'entraînaient à marcher,
Avec une fureur, une ardeur sans égales.
L'échafaud se dressait au beau milieu des Halles,
Entouré de gradins où des flots de curieux
Etaient venus pour voir ce spectacle odieux ;
On l'avait élevé sur un massif de plâtre ;
Hérétique, relapse, apostate, idolâtre :
Tels étaient les griefs que la haine imputait
A celle qu'au combat, aucun Anglais n'osait
Regarder sans trembler ; sur sa tête, une mître (18)
Portait ces *quatre mots*, à défaut de pupître.

D'un pas égal et sûr Jeanne monte, et soudain
L'on vit son confesseur, l'humble frère Martin
Surnommé Ladvenu, s'avancer avec elle,
Poussé par son devoir et rempli d'un saint zèle.

Comme il la bénissait, l'impatient bourreau
Allume le bûcher, ce Calvaire nouveau

Où venaient expirer la candeur, l'innocence,
La gloire, le secours, le Sauveur de la France.
Apercevant le feu, Jeanne cria : « *Jésus !...* »
Repoussant Ladvenu qui déjà n'y voit plus.
« Tenez-vous, lui dit-elle, au bas de cette estrade ;
« Levez la sainte Croix, tout comme à la parade
« J'élevais l'étendard devant qui l'ennemi
« Ne pouvait résister ; je veux que cet ami
« Me console en mourant, et que sa douce vue
« Réconforte mon cœur, en ma déconvenue !....
« Pour vous, frère Martin, du pied de l'échafaud,
« Parlez pieusement, tout en tenant bien haut
« La Croix de mon Sauveur !... Oui, je meurs innocente !...
« Mais l'ennemi s'enfuit, et la France contente
« Me doit sa délivrance !.... » Après, on l'entendit
Invoquer Dieu le Père et Dieu le Saint-Esprit :
Elle appela : « *Jésus !...* » sa dernière parole
Fut le nom du Seigneur, de l'amour pieux symbole.

Plus tu ne reverras les champs de Vaucouleurs,
Jeanne, ni ton vieux père étouffé par ses pleurs ;
Plus tu ne reverras tes riantes campagnes,
Vierge, l'orgueil, l'amour, l'honneur de tes compagnes !..
Adieu ta belle France et ton Roi bien-aimé,
Et tout ce que ton cœur sur terre a vénéré !...
Tu meurs pour ton pays ; par-dessus toutes choses,
Tu soutins, tu servis la plus noble des causes....

Ton nom si glorieux et toujours respecté,
Dans les siècles futurs va se voir exalté !...

Oui, tes voix disaient vrai : ces saintes conseillères
Venaient vraiment de Dieu ; dans tes heures dernières
Elles t'ont clairement révélé l'avenir ;
La France *sera libre*... et toi... *tu vas mourir !*... (19)
Ah ! qu'il est noble et grand !... Ah ! qu'il est beau ton rôle !...
Tes souffrances, un jour, seront ton auréole !...

L'incendie allumé dépassait le bûcher
Et de ce triste lieu défendait d'approcher.
On entendait le bois pétiller dans les flammes,
Et son crépitement terrifiait les âmes
Des bons Français présents : le brasier bientôt
Se dresse et puis bondit.... personne ne dit mot...
Le feu monte toujours, et de ses mille langues
Brûle de Jeanne d'Arc tous les membres exsangues ;
Ses longs dards de rubis se tordent en tous sens,
Etreignant l'échafaud dans leurs cercles brûlants ;
Sous le plâtre mouillé la fumée est intense,
Au centre du foyer la chaleur se condense ;
La vapeur s'épaissit ; on n'aperçoit plus rien ,
Mais on entend gémir cette fille de bien :

Elle pousse un grand cri : « De l'eau ! de l'eau ! » dit-elle,
« Donnez-moi l'eau bénite ?... En ma douleur mortelle
« Je veux orner mon front du signe du Chrétien.
« *Jésus !... Maria !... Jésus !...* On n'entendit plus rien...

La flamme, cependant, diminue et se calme ;
La Vierge, du martyre a remporté la palme !
On court à l'échafaud ; son cœur pur, virginal ,
Apparaît seul intact, à l'abri de tout mal.
De cette chaste enfant, voilà tout ce qui reste !...
L'histoire nous le dit, la Chronique l'atteste....

Sauvé du feu, ce cœur c'était la voix du Ciel
Infirmant les arrêts d'un juge criminel : (20)
Par ordre de l'Anglais on le jette à la Seine
Qui, jusqu'à l'Océan, parmi ses flots l'entraîne.....
Infâmes !... Rejetez ce cœur encore saignant :
Ce *miracle* est pour vous un reproche sanglant !...
Vos eaux n'éteindront pas le noble et saint délire
Que, même après sa mort, la Sainte nous inspire !....

On ne vit point alors d'homme assez endurci
Pour retenir ses pleurs et, les Anglais aussi,

Sauf quelques vieux soudards aveuglés par la haine,
Pleuraient et regrettaient cette mort inhumaine.
Le haineux Cardinal, l'indigne *Winchester* (21)
Saisi d'émotion, se surprend à pleurer ;
Et l'infâme Prélat, *Pierre Cauchon* lui-même
Sent ses yeux se mouiller, à ce moment suprême !...

Les Français gémissaient et murmuraient tout haut,
Que celle qu'on brûlait ainsi sur l'échafaud,
Mourait injustement : « Elle périt martyre
« Pour son Dieu, pour son Roi !... » ne cessait-on de dire :
« Ah ! nous sommes perdus !... On a brûlé céans,
« Notre dernier espoir ; celle que d'Orléans
« On nommait la Pucelle ! Ah! Seigneur, que mon âme
« Puisse être avec la sienne !... » Ainsi chacun s'exclame ;
Et, tels étaient les cris qu'on entendait toujours,
Soit au pied du bûcher, soit dans les alentours.
Chacun se lamentait, les hommes et les femmes
De leur cœur attristé versaient toutes les larmes...

Un témoin survenait, affirmait et jurait
Que le nom de : « *Jésus !...* » sur l'échafaud brillait
En cinq lettres de feu reluisant dans les flammes....
Mais un fait merveilleux qui toucha bien des âmes,
C'est ce qu'il en advint de ce soldat Anglais
Apportant un fagot bien serré, bien épais,

Jusqu'au pied du bûcher pour brûler la victime.

Comme il en approchait pour consommer son crime,

La Pucelle expirait en s'écriant : « *Jésus !...* •

L'Anglais perd contenance et son cœur n'y tient plus ;

Il recule, il chancelle, il tombe en défaillance

Et de Jeanne aussitôt proclame l'innocence.....

Dès le soir, il accourt trouver frère Martin

Et, sans vouloir attendre au lendemain matin,

Il se confesse à lui, montrant sa repentance.

D'avoir tant détesté cette fille de France :

Il la tenait pour *Sainte* ; en outre, il affirmait

Qu'il avait vu monter celle que l'on brûlait,

Du milieu du foyer qui lui servait de tombe,

Jusqu'au plus haut des cieux en forme de *colombe !...* (22)

Même on vit le bourreau, ce meurtrier cruel,

Venir se confesser à la face du Ciel,

Le jour même du crime, implorant la clémence

De celle qui mourait avec tant de constance.

Il implorait aussi le gracieux pardon

De ce Dieu qui jamais ne laisse en l'abandon

Le pécheur repentant ; il priait l'héroïne

De demander pour lui l'indulgence divine.

C'est ainsi que mourut pour son Dieu, pour son Roi,

Celle qui conserva la *pure* et *sainte* foi (23)

A son pays natal, au sol qui la vit naitre :
Puissent mes faibles vers la faire bien connaitre !...
Martyre pour son Roi ; martyre pour son Dieu !...
Tel est mon cri d'amour, tel est mon cri d'adieu....

Vingt ans sont écoulés !... Un devoir de Justice
S'imposait à la France, après tant d'injustice ;
Réviser le procès et... *Réhabiliter*
Celle que les Anglais jadis firent brûler.
« Je m'en rapporte à *Dieu* ; je m'en rapporte au *Pape !* »
Avait répondu Jeanne à l'arrêt qui la frappe.
Après un examen long, consciencieux,
Le Pape la déclare innocente à ses yeux :
Par un arrêt célèbre, il la *réhabilite,*
Et la France à l'envie exalte son mérite (24)

Un jour viendra bientôt, jour à jamais béni,
Où cette pure enfant, la victime d'*Henri*,
Dont aujourd'hui la cause est soumise à l'Eglise,
Sur ses *autels sacrés* par elle sera mise ; (25);
Où les vœux, les désirs du clergé d'Orléans
Et de tout vrai Français, arriveront, puissants,
Aux pieds de l'Eternel, et Jeanne-la-Pucelle
Sera vengée alors de cette mort cruelle !...

Joyeux, nous pourrons voir le pays triomphant,
Célébrer dignement sa glorieuse enfant,
Substituer sa fête, et son culte et sa gloire,
Au *Quatorze Juillet* de sanglante mémoire !... (26)
Son étendard candide orné du Sacré-Cœur,
Apparaîtra brillant, radieux et vainqueur,
Précédant au combat nos armes triomphantes
Et chassant des Hulans les hordes menaçantes !....

~~~

En attendant, prions, afin que dans nos cœurs,
Elle allume ce feu, cet amour, ces ardeurs
Qui furent son soutien dans ses jours de souffrance,
Quand *par ordre du Ciel*, elle sauvait la France ! ! !...

Carcassonne, Avril 1894.

P. E. S.
~~~

NOTES ET DOCUMENTS

(1) A ceux qui ne seraient pas tout à fait au courant de la vie de notre héroïne, nous conseillerons de lire l'intéressant ouvrage intitulé : « *Jeanne d'Arc* » par M. l'abbé Henri Debout, missionnaire apostolique, 2 volumes. — Paris, rue François Iᵉʳ, nº 8.

C'est de ce livre si attrayant et si instructif sous tous les rapports, que sont tirés la plupart des détails contenus dans le récit qui précède, ainsi que la plus grande partie des notes qui suivent.

(2) L'impie Voltaire, dans son infâme élucubration intitulée : « *La Pucelle d'Orléans* ».

(3) Elle avait à peine *dix-neuf ans* « *Interrogata cujus ætatis ipsa era ; respondit quod, prout sibi videtur, est quasi XIX annorum* (21 février 1431) V. *Procès de condamnation et de réhabilitation de Jeanne d'Arc*, publiés par J. Quicherat. T. I, p. 46.

(4) Quel triomphe pour les Anglais, que la prise et la condamnation de cette vierge tant redoutée ! Argent, prières, menaces,

ils emploient tous les moyens pour se rendre maîtres et *propriétaires* de cette enfant de *dix-neuf ans,* et enfin, ils l'*achètent* au duc de Bourgogne et à Jean de Luxembourg, au prix de dix mille livres, assimilant sa rançon à celle d'un Roi. « *Ils ne l'eussent pas donnée pour Londres* », dit un chroniqueur contemporain (Martial de Paris). En effet, avec Jeanne tombaient, dans l'opinion générale, l'honneur de la France et la force de ses armes.

L'Université de Paris, cependant favorable au parti Anglais, n'inspirait pas une confiance suffisante. Il fallait des hommes plus dépendants, traîtres à leur patrie, ouvertement hostiles à l'accusée, évidemment *Juges* et *Parties* ; un tribunal qui se soucierait peu de tenir la place de Dieu, mais qui représenterait l'Angleterre ; par conséquent, un tribunal *tout politique* et qui, en frappant Jeanne, voudrait atteindre la France et son Roi.

Le Cardinal d'Angleterre et Bedfort cherchèrent un homme répondant à leurs vues et capable de mener la captive au bûcher ; pour trouver cette homme, ils furent servis par les circonstances ; ils choisirent *Pierre Cauchon*, l'indigne Evêque de Beauvais, qui prétendait que Jeanne avait été prise sur son Diocèse. Ce prélat était un homme intelligent et savant, mais un misérable intriguant, n'ayant d'ecclésiastique que le titre et la charge, prêt à tout vendre pour garder la faveur des grands et détenir le pouvoir. Sans souci des intérêts de l'Eglise, on le voit, quelques mois plus tard s'associer aux prêtres révoltés de Bâle ; ces *misérables*, on le sait, s'insurgèrent contre le Saint Pape *Eugène IV*, essayèrent de lui substituer un *Anti-Pape* de leur espèce, et tentèrent ainsi de renouveler le funeste schisme d'Occident, terminé depuis si peu de temps.

Ah ! le cœur se serre quand, regardant ce tribunal déshonoré, il ne peut se dissimuler qu'il se compose presque exclusivement de prêtres, do religieux, et qu'il est présidé par un *Evêque ;* quand il les entend se prévaloir de leur caractère sacré pour jouer le rôle de l'*Eglise,* s'afficher comme ses vrais représentants, lorsqu'ils ne sont que les vils instruments d'une *politique ennemie,* assez audacieuse pour se servir de leur ministère et se venger sans se compromettre.

Tel est ce tribunal : le voilà tel qu'il nous apparaît dans la triste réalité historique, tel que l'ont dévoilé les études *les plus consciencieuses* de ces derniers temps.

Et, devant ces faits indéniables, on a dit, on a osé dire, et l'on dira peut-être encore demain que Jeanne d'Arc a été condamnée par l'*Eglise* !...

L'Eglise, mais elle n'a donné aucun mandat à ces hommes qui ne lui appartiennent plus que par leur habit ! Si elle l'avait donné, elle eût entendu qu'on en fit un tout autre usage et qu'on ne vint pas humilier sa Souveraine Majesté aux pieds de la tyrannie d'un pouvoir tout puissant !.... *Non! Non!* elle n'a point à rougir de tant et de si grandes iniquités.... Tout atteste que Jeanne a été jugée et condamnée par la *politique seule*, politique de vengeance, et non par l'*Eglise*. Interrogez l'histoire et elle vous répondra : L'orgueil et l'ambition d'une part, la soif de l'or et des honneurs de l'autre, voilà, si vous y ajoutez les menaces, la crainte, la peur, voilà les *véritables agents* de ce crime.

Et comme conclusion disons que Monseigneur Gouthe-Soulard, l'illustre Archevêque d'Aix, condamne une fois de plus Pierre Cauchon, qu'il abandonne à l'Enfer et au Panthéon, en le mettant au même rang que Voltaire :

« L'Evêque Cauchon, dit-il, ne nous appartient pas plus que
« *Judas*, puisque nous l'avons répudié par le jugement le plus
« authentique et le plus solennel. Cauchon fut le *précurseur* de
« Voltaire, ce profanateur de notre gloire nationale la plus
« éclatante et la plus pure. On peut les placer côte à côte au
« *Panthéon* : l'un vaut l'autre. »

～～～

(5) Pierre Cauchon fut grassement payé : on a des reçus *de sa main*, établissant qu'il toucha, pour faire le procès de Jeanne, une somme équivalente à plus de *cent mille francs* de notre monnaie ; et, les années qui suivirent le supplice, nous le voyons gouvernant Paris et la partie du Royaume de France soumise à l'étranger.

Les Anglais lui tinrent donc leur promesse, et, en échange

du sang innocent, lui donnèrent ce qu'il désirait le plus, de l'argent et le pouvoir : mais lui, de son côté, avait eu le triste courage de tenir tous ses engagements. « Soyez sans inquiétude, avait-il dit à Winchester en commençant les enquêtes, je vous ferai un bon procès ! »

Le résultat ne répondit, malheureusement que trop, à ses promesses et, *circonstance aggravante* à la charge de l'indigne Evêque de Beauvais, Judas qu'il avait imité dans son infâme trahison, *rendit* son argent, tandis que nous ne lisons nulle part, dans l'histoire, que *Pierre Cauchon* ait *rendu* la moindre parcelle des sommes qu'il avait touchées pour obtenir de ses complices la condamnation de l'innocente Jeanne d'Arc.

<center>~~~</center>

(6) Maître Pierre Maurice, docteur de l'Université de Paris, d'abord dévoué à Cauchon, mais ensuite vaincu par l'évidence des faits et par *la force de la vérité*, devenu favorable a la cause de Jeanne d'Arc.

<center>~~~</center>

(7) D'après les *règles* de l'Eglise, on ne pouvait pas lui accorder la sainte communion , elle allait, en effet, être condamnée' dans quelques instants, comme *hérétique obstinée* et *insoumise*. Toute fois, comme il apparaissait à tous que le cas n'était pas ordinaire, frère Martin envoya l'huissier Massieu vers Cauchon, pour lui exposer la requête de Jeanne. L'indigne Prélat consulta quelques-uns de ses assesseurs, puis il dit à Massieu : « Allez « dire au frère Martin que je l'autorise à lui donner l'Eucharistie « et tout ce qu'elle demandera. »

Par cette réponse, le Juge infirmait *radicalement* tout ce qu'il avait fait jusques-là, et tout ce qu'il devait faire ensuite. S'il la croyait vraiment coupable d'*hérésie*, il n'avait pas le droit de lui accorder la sainte Eucharistie. Et, s'il ne la croyait pas coupable, à quel titre allait-il *la condamner* et la livrer au bras séculier ?

<center>~~~</center>

(8) Religieux de l'ordre de Saint-Dominique.

(9) Le bûcher s'élevait non loin du *Vieux-Marché*, à l'endroit où l'on voit de nos jours, la fontaine de *Jeanne d'Arc*. C'était une large base de maçonnerie, sur laquelle on avait disposé des fagots jusqu'à une grande hauteur : au milieu se dressait un poteau, et sur les fagots on avait étendu une couche épaisse de plâtre *humide*, afin de produire rapidement une fumée intense pour étouffer Jeanne sans la faire trop souffrir des atteintes du feu.

(10) Au commencement de sa glorieuse carrière et comme elle gardait encore les troupeaux de son père, Jeanne avait été instruite de sa mission sublime par des *Voix* célestes qui, au nom de Dieu, lui ordonnaient de se rendre auprès du Roi Charles VII, pour sauver la France des mains des Anglais ; parmi ces voix ou apparitions on rencontre plus fréquemment Saint Michel, Sainte Catherine et Sainte Marguerite.

(11) La Croix de bois que l'*Anglais* avait fabriquée avec deux bâtons détachés, ne lui suffisait pas ; elle veut avoir sous son regard l'image de Jésus *crucifié*, son unique amour, pour lequel elle a toujours vécu et pour qui elle va mourir : elle demande donc le crucifix de la paroisse voisine, Massieu court avec Izambert chercher la croix des processions de l'Eglise Saint-Sauveur. La Pucelle la reçoit avec respect et l'embrasse longuement.

(12) Nous devons dire , cependant, pour être conforme à la verité historique, que c'est précisément à cette époque que Pothon de Xaintrailles, La Hire et quelques autres capitaines, anciens compagnons de Jeanne d'Arc, équipèrent une petite troupe et tentèrent un coup de main qui demeurera *l'honneur de la Chevalerie Française*, à l'heure où la lâcheté et l'ingratitude du Gouvernement de Charles VII abandonnaient la *libératrice* de la France. Ces courageux guerriers résolurent donc de s'emparer de Rouen par surprise, et de délivrer Jeanne d'Arc ; mais Talbot, renseigné sur leur marche, leur tendit une embuscade et les fit prisonniers.

⁓⁓

(13) Parmi les assesseurs qui assistèrent à toutes les séances préparatoires, il faut citer un Chanoine de Rouen, *Nicolas Loyseleur*, peut-être la figure la plus abominable et la plus repoussante de tout le procès. Cet homme comptait parmi ceux que *Cauchon* et les Anglais avaient achetés : il était, par conséquent, décidé à la condamnation, quand même, de Jeanne ; mais, non content de cette première *infamie*, il en consentit une seconde qui semble dépasser les bornes de la méchanceté humaine.

Malgré toutes les précautions prises, Cauchon n'était pas sûr de trouver un motif *tant soit peu plausible* de condamnation ; il lui fallait un homme qui consentit à espionner Jeanne, puis à *la tromper*, à l'induire en erreur sur les choses à dire pour sa défense, à lui persuader de prendre telle ou telle attitude qui pût permettre à ses juges de la condamner ; en un mot, à la pousser dans le piège que la perfidie du schismatique Evêque de Beauvais lui tendait.

Loyseleur accepta ce rôle immonde ; et, ne semble-t-il pas que le nom qu'il portait (*habent sua nomina fata*) le désignât pour tendre les *filets* sous les pas de la pure *Colombe*, tandis que celui de *Pierre Cauchon* demeurera comme une flétrissure sur le *Juge-bourreau*.

Il gagna donc la confiance de Jeanne, devint son confident, son confesseur même, en un mot son unique directeur.

~~~

(14) Repoussé par les premiers soldats, il s'éloignait, fondant en larmes, quand le second rang des Anglais voulut lui faire un mauvais parti. Il n'eut que le temps de se jeter vers le comte de Warwick, qui était là, en l'implorant à l'aide. Warwick le protégea, mais lui intima l'ordre de quitter la ville *immédiatement*, se déclarant impuissant à le préserver de la mort, s'il ne lui obéissait. On sait que Nicolas Loyseleur partit, en effet, *le jour même*, pour Bâle.

~~~

(15) *Nicolas Loyseleur* mourut subitement à Bâle, l'année même de la mort de Jeanne, au moment où il s'apprêtait à prendre part au concile schismatique.

Par une coïncidence singulière et où l'imagination pourrait, sans beaucoup d'efforts, voir la main réparatrice de la Providence, c'est à un *homonyme*, peut-être un parent de cet indigne Chanoine, à M. *Jules Loiseleur*, l'un des hommes les plus distingués, les plus savants et les plus recommandables de la ville d'Orléans, que l'on doit l'érection, sur la grande et belle place du Martroy, de la magnifique statue équestre de Jeanne d'Arc, qui en fait le plus bel ornement.

Après Mgr Dupanloup, l'Eminent Evêque, c'est, en effet, M, Jules Loiseleur qui a le plus contribué par son influence, par ses démarches et par ses soins incessants à la construction et à l'achèvement de ce splendide monument, élevé à la mémoire et en l'honneur de la libératrice de la cité.

D'ailleurs, Jeanne n'avait-elle pas prédit à ses juges les châtiments de Dieu : « Vous ne ferez pas, avait-elle dit, ce dont « vous me menacez, sans qu'il vous *en arrive mal* et au corps et « à l'âme. »

Or, l'*histoire* nous montre : Le Cardinal d'Angleterre, frappé de folie; Cauchon, mourant subitement entre les mains de son barbier; d'Es'ivet, se noyant dans un égoût de Rouen; Nicole Midy atteint, le jour même du martyre de la Pucelle, de ce mal hideux qui a nom *la lèpre* et qui le conduisit au tombeau; Bedfort enfin, mourant, à la fleur de l'âge, dans ce château même où il a fait enfermer sa sublime prisonnière.

La maison de Bourgogne est visiblement frappée : Charles le Téméraire perd ses états et périt sous les murs de Nancy, sans laisser de postérité.

Warwick n'a transmis à ses enfants que la honte d'un nom fatal et méprisé.

L'Angleterre, *la grande coupable*, a chèrement payé son crime. Déchirée par la guerre des Deux-Roses, elle a vu son Roi trahi, deux fois découronné, tomber sous les coups d'un assassin.

---

(16) Jeanne, avant de mourir, dans la prière qu'elle adressa, sur l'échafaud, à la Très Sainte Trinité, pardonna à tous ses bourreaux : « Vous *tous* qui êtes ici, pardonnez-moi comme *je vous pardonne*. »

---

(17) Légalement, ce magistrat eût dù commencer alors une information *régulière*, suivre toutes les phases d'un nouveau procès, *si long fût-il*, et prononcer lui aussi, une sentence; mais qu'avait à faire la légalité dans cet *assassinat* juridique? La politique Anglaise réclamait la mort de Jeanne, il fallait se hâter de la satisfaire. Pour tout procès et toute sentence, le bailly se contenta de dire au bourreau, en lui montrant le bûcher : *Menez, menez.*

---

(18) On lui retire son chaperon, et on lui ceint le front d'une *mitre* (sorte de bandelette) d'ignominie sur laquelle on lit ces mots : *Hérétique, relapse, apostate, idolâtre.*

~~~

(19) Jeanne d'Arc allait mourir, mais, comme ses voix le lui avaient prédit, (1) la France bientôt serait libre.

En effet, le 29 mai 1436, le Duc de Richemont prit possession de Paris, ce *grand gage* dont le roi de France, avait dit la Pucelle, devait s'emparer *avant six ans :* le 18 octobre 1449, Charles VII entra à Rouen, et bientôt après il battit les Anglais à Fourmigny, en 1450, à Castillon, en 1453 : enfin, le 29 octobre de la même année, il fit son entrée triomphale à Bordeaux. La *prophétie* de Jeanne était accomplie !

~~~

(20) Dès que Jeanne eut rendu l'âme, l'exécuteur écarte le feu, sur l'ordre de *Winchester*, pour permettre à la soldatesque Anglaise de contempler le cadavre défiguré de celle qui l'a fait trembler si longtemps, puis, sur un nouvel ordre, il active les flammes pour consumer les restes sacrés. Le feu fait son œuvre, et bientôt il ne reste plus qu'un monceau de cendres; avant de se retirer, le bourreau les fouille de sa fourche de fer; mais, *ô miracle!* ces cendres écartées laissent voir le *Cœur* de Jeanne, rempli d'un sang vermeil et semblant vivre encore; *du soufre, de l'huile* sont répandus sur ce lambeau de chair palpitante : la flamme s'élève de nouveau, guidée, pour achever son œuvre, par la main *expérimentée* du bourreau : puis, tout s'éteint, une seconde fois, et au milieu des cendres on retrouve encore le *cœur* de Jeanne d'Arc, aussi vivant que tout à l'heure.

---

(1) Une tradition touchante veut que Saint-Michel ait été député par Notre-Seigneur à la Très Sainte Vierge, pour lui annoncer le moment de son heureuse mort. Il serait possible aussi que Jeanne d'Arc ait reçu de son fidèle « guide, consolateur et conseiller » un secours particulier pour lui dévoiler l'avenir, au moment de sa cruelle agonie.

Par ordre du Cardinal de Winchester, on jeta à la Seine ce *cœur sanglant ;* il fut entraîné jusqu'à l'Océan : l'exécuteur atterré s'enfuit et va se confesser au frère Martin, s'accusant *tout haut* d'avoir brûlé une *Sainte.*

(21) *Henri de Beaufort* qui, entré dans les ordres, avait toujours su masquer les crimes de sa vie, et était devenu Evêque de Winchester, puis Cardinal. Il est connu dans l'histoire, tantôt sous le nom de *Winchester*, tantôt sous celui de *Cardinal d'Angleterre* : grand chancelier du royaume, il fut pendant de longues années l'âme de la politique des Plantagenet, et on peut dire qu'il montra dans la direction des affaires une cruauté *froide,* ne connaissant pas de scrupules, n'hésitant pas à faire disparaître, même dans d'atroces supplices, ceux qui étaient un obstacle à son gouvernement.

(22) Ce fait extraordinaire, ainsi que l'apparition du nom de *Jésus*, brillant en lettres de feu au-dessus du bûcher, sont rapportés par tous les historiens *sérieux* de Jeanne d'Arc.

(23) Supposons, un moment, que Jeanne d'Arc n'eut point paru, que « *Le Roi de Bourges* » découragé de reculer toujours devant les Anglais, leur eut abandonné les provinces, encore fidèles, de son royaume ; supposons que la double couronne de France et d'Angleterre se fut affermie sur la tête du jeune *Henri VI* et de ses successeurs ; — et demandons-nous ce qui fût arrivé.

A partir de 1530, un siècle à peine après la mort de Jeanne, la réforme d'Henri VIII séparait violemment de l'obéissance Romaine toute l'Eglise d'Angleterre, et jetait dans le *schisme* cette noble portion du troupeau du Christ, au moment même où l'hérésie venait d'enlever à la foi catholique une grande partie de l'Allemagne et presque toute la Suisse.

Nous devons donc conclure que sans l'intervention toute miraculeuse de *Jeanne d'Arc*, la France vaincue devenait *Anglaise* et se trouverait, aujourd'hui, en proie aux grossières erreurs du *Schisme Anglican*.

(24) Les trois commissaires désignés *par le Pape*, pour réviser le procès de Jeanne d'Arc étaient : Jean Juvénal des Ursins, archevêque de Reims ; Guillaume Chartier, Evêque de Paris, et Olivier de Longueil, Evêque de Coutances, qui s'adjoignirent Jean Bréal, inquisiteur de la Foi.

Ils prononcèrent solennellement leur Jugement de *réhabilitation*, déclarant que les Jugement et sentence rendus contre Jeanne « ont été, sont et *seront* nuls, invalides, sans valeur, sans autorité... etc..., etc... »

Bossuet dans son *Analyse de l'Histoire de France*, à l'usage du Dauphin, affirme que le Pape Calixte III a confirmé *personnellement* la sentence, rendue à Rouen, en 1456, par ses trois délégués et leur assesseur.

(25) Au moment où nous terminons ce modeste travail, nous lisons avec une *indicible* satisfaction, ce qui suit, dans la *Semaine Religieuse* du Diocèse de Carcassonne (n° du 2 février 1894).

« La France chrétienne apprendra avec joie et reconnaissance
« la décision qui vient d'être prise à Rome.

« La Congrégation des Rites a tenu, au Vaticau, une séance
« extraordinaire secrète, pour *l'introduction* de la cause de la
« béatification de Jeanne d'Arc.

« Douze cardinaux présents, parmi lesquels *Mgr Langénieux*,

« venu spécialement à Rome, ont participé au vote, à la suite
« duquel *Jeanne d'Arc a été déclarée vénérable.*

« Le Pape a *confirmé*, dans la journée, cette décision ».

En bons Français et en bons Chrétiens réjouissons-nous de
cette heureuse nouvelle.

L'introduction de la cause n'est pas la *béatification* ni la
canonisation. L'Eglise procède en cette matière, avec une
lenteur et une prudence qui font l'admiration *même* de ses
ennemis.

Mais pour cette cause, *le plus difficile est fait* : la procédure
suivra son cours ; espérons qu'elle arrivera avant de nombreu-
ses années à la *glorification définitive* de l'héroïne.

On peut, dès aujourd'hui, invoquer en particulier Jeanne *la
Vénérable* ; plus tard, on élèvera des autels sous le vocable de
la « *Bienheureuse Jeanne* » et enfin, on érigera des Eglises en
l'honneur de « *Sainte Jeanne d'Arc* ». La France alors pourra
l'honorer et l'invoquer au même titre qu'elle invoque *Geneviève*
et *Clotilde*.

Patience !... Les saints *ne vieillissent pas* dans l'Eglise Catholique... Voilà plus de 400 ans que la Pucelle d'Orléans est
morte sur le bûcher, et il n'y a que quelques années que
Mgr Dupanloup commençait les premières démarches et la première enquête : la cause est en bonne voie : avec la grâce de
Dieu et la puissante coopération de Jeanne, elle ne peut man-
quer d'aboutir *heureusement* et *promptement.*

A l'appui de ce qui précède, nous lisons dans le *Courrier de
l'Aude,* du jeudi 15 mars 1894, l'entrefilet qui suit :

« Le Souverain Pontife, désireux de procéder dans *le plus
« bref délai possible* à la Canonisation de Jeanne d'Arc, vient de
« donner une nouvelle preuve de cette résolution.

« Dans une récente audience accordée au R. P. Captier,
« Supérieur Général de la Congrégation de Saint-Sulpice, le
« Saint Père a nettement déclaré qu'il souhaitait voir la cause
« marcher *aussi rapidement* que le permettent les exigences de
« la procédure canonique ».

Et pour que le temps de l'attente soit abrégé, invoquons Jeanne d'Arc, non pas dans nos Eglises, mais dans nos demeures; prions-la, demandons-lui d'intervenir en notre faveur, dans nos intérêts privés, comme dans nos intérêts publics, et puisse sa mémoire, couronnée par des rayons que de *récentes merveilles* auront renouvelés et accrus, briller comme l'aurore ou l'Arc-en-ciel du vingtième siècle; siècle de paix et d'union, de prospérité et de foi, après un siècle de discussions douloureuses et d'efforts impuissants !...

~~~

(26) Voici le texte de loi pour laquelle M. Joseph Fabre, alors député, réunit en 1884 les signatures de 251 de ses collègues républicains, et que, *Sénateur*, il va reprendre et présenter, au premier jour :

« ARTICLE PREMIER. — La République Française célèbre « *annuellement* la fête de *Jeanne d'Arc*, fête du *patriotisme*.

« ART. 2. — Cette fête a lieu le *8 Mai*. »

La déposition de cette proposition de loi a été faite, tout récemment, par M. Joseph Fabre dans la séance du 15 Mars 1894, au Sénat, qui l'a renvoyée à la Commission d'initiative.

D'un autre côté, on peut lire dans la *Croix du Sud*, nº 770, du mercredi 14 mars 1894, le passage suivant :

« Nous sommes heureux d'annoncer que la pétition lancée « par l'Association Catholique de la Jeunesse Française marche « admirablement. On demande par cette pétition, que le « *8 Mai* soit déclaré *fête nationale* en l'honneur de *Jeanne d'Arc*. « Cinq Cardinaux et trente Evêques ont envoyé leur adhé- « sion. Le regretté Cardinal Thomas avait envoyé la sienne, « le mercredi qui précéda sa mort, survenue le vendredi « 9 mars.
~~~

« On compte déjà réunir *300.000 signatures*, sans compter
« les adhésions futures. »

Enfin, comme l'un des symptômes les plus consolants et les
plus affirmatifs de la sympathie universelle qu'inspire la noble
cause de la Vierge de Vaucouleurs, nous lisons avec bonheur,
dans la *Croix du Sud*, n° 793, (mardi 10 avril 1894) la rubrique
suivante :

SOUSCRIPTION POUR JEANNE DA'RC

« M. le Ministre de la guerre vient d'adresser à MM. les chefs
« de corps, une circulaire dans laquelle il *approuve* la patriotique
« campagne poursuivie par Mgr l'Evêque de Verdun, et *autorise*
« l'ouverture d'une souscription dans l'armée, pour l'érection
« d'une statue de *Jeanne d'Arc*, à Vaucouleurs. »

Nous nous plaisons à voir dans cette acceptation et cette
autorisation, comme le premier pas fait vers l'approbation
officielle de la date du 8 mai, déclarée *fête nationale*, en l'honneur de la *Vénérable Jeanne d'Arc*.

Carcassonne, Avril 1894.

P. E. S.

www.ingramcontent.com/pod-product-compliance
Lightning Source LLC
Chambersburg PA
CBHW061705060726
47597CB00006B/2207